中华人民共和国计算机信息网络国际联网管理暂行规定

中国法制出版社

目 录

中华人民共和国国务院令（第 777 号）………（1）

国务院关于修改和废止部分行政法规的决定

  （节录）……………………………………（2）

中华人民共和国计算机信息网络国际联网

  管理暂行规定 ……………………………（4）

中华人民共和国国务院令

第 777 号

《国务院关于修改和废止部分行政法规的决定》已经 2024 年 2 月 2 日国务院第 25 次常务会议通过,现予公布,自 2024 年 5 月 1 日起施行。

总理　李强

2024 年 3 月 10 日

国务院关于修改和废止部分行政法规的决定（节录）

为贯彻落实党的二十大和二十届二中全会精神，落实党和国家机构改革精神，完整、准确、全面贯彻新发展理念，加快构建新发展格局，着力推动高质量发展，国务院对涉及的行政法规进行了清理。经过清理，国务院决定：

一、对8部行政法规的部分条款予以修改。（附件1）

二、对13部行政法规予以废止。（附件2）

本决定自2024年5月1日起施行。

附件：1. 国务院决定修改的行政法规
 2. 国务院决定废止的行政法规

附件1

国务院决定修改的行政法规（节录）

……

二、删去《中华人民共和国计算机信息网络国际联网管理暂行规定》第六条第一款中的"邮电部"。

第七条第一款中的"邮电部、电子工业部、国家教育委员会"修改为"国务院电信主管部门、教育行政部门"。

……

此外，对相关行政法规中的条文序号作相应调整。

中华人民共和国计算机信息网络国际联网管理暂行规定

（1996年2月1日中华人民共和国国务院令第195号发布　根据1997年5月20日《国务院关于修改〈中华人民共和国计算机信息网络国际联网管理暂行规定〉的决定》第一次修订　根据2024年3月10日《国务院关于修改和废止部分行政法规的决定》第二次修订）

第一条　为了加强对计算机信息网络国际联网的管理，保障国际计算机信息交流的健康发展，制定本规定。

第二条　中华人民共和国境内的计算机信息网络进行国际联网，应当依照本规定办理。

第三条 本规定下列用语的含义是：

（一）计算机信息网络国际联网（以下简称国际联网），是指中华人民共和国境内的计算机信息网络为实现信息的国际交流，同外国的计算机信息网络相联接。

（二）互联网络，是指直接进行国际联网的计算机信息网络；互联单位，是指负责互联网络运行的单位。

（三）接入网络，是指通过接入互联网络进行国际联网的计算机信息网络；接入单位，是指负责接入网络运行的单位。

第四条 国家对国际联网实行统筹规划、统一标准、分级管理、促进发展的原则。

第五条 国务院信息化工作领导小组（以下简称领导小组），负责协调、解决有关国际联网工作中的重大问题。

领导小组办公室按照本规定制定具体管理办法，明确国际出入口信道提供单位、互联单位、接入单位和用户的权利、义务和责任，并负责对国际联网工作的检查监督。

第六条　计算机信息网络直接进行国际联网，必须使用国家公用电信网提供的国际出入口信道。

任何单位和个人不得自行建立或者使用其他信道进行国际联网。

第七条　已经建立的互联网络，根据国务院有关规定调整后，分别由国务院电信主管部门、教育行政部门和中国科学院管理。

新建互联网络，必须报经国务院批准。

第八条　接入网络必须通过互联网络进行国际联网。

接入单位拟从事国际联网经营活动的，应当向有权受理从事国际联网经营活动申请的互联单位主管部门或者主管单位申请领取国际联网经营许可证；未取得国际联网经营许可证的，不得从事国际联网经营业务。

接入单位拟从事非经营活动的，应当报经有权受理从事非经营活动申请的互联单位主管部门或者主管单位审批；未经批准的，不得接入互联网络进行国际联网。

申请领取国际联网经营许可证或者办理审批手续时，应当提供其计算机信息网络的性质、应用范围和主机地址等资料。

国际联网经营许可证的格式，由领导小组统一制定。

第九条 从事国际联网经营活动的和从事非经营活动的接入单位都必须具备下列条件：

（一）是依法设立的企业法人或者事业法人；

（二）具有相应的计算机信息网络、装备以及相应的技术人员和管理人员；

（三）具有健全的安全保密管理制度和技术保护措施；

（四）符合法律和国务院规定的其他条件。

接入单位从事国际联网经营活动的，除必须具备本条前款规定条件外，还应当具备为用户提供长期服务的能力。

从事国际联网经营活动的接入单位的情况发生变化，不再符合本条第一款、第二款规定条件的，其国际联网经营许可证由发证机构予以吊销；从事非经营活动的接入单位的情况发生变化，不再符合本条第一款规定条件的，其国际联网资格由审批机构予以取消。

第十条 个人、法人和其他组织（以下统称用户）使用的计算机或者计算机信息网络，需要进行国际联网的，必须通过接入网络进行国际联网。

前款规定的计算机或者计算机信息网络，需要接入接入网络的，应当征得接入单位的同意，并办理登记手续。

第十一条 国际出入口信道提供单位、互联单位和接入单位，应当建立相应的网络管理中心，依照法律和国家有关规定加强对本单位及其用户的管理，做好网络信息安全管理工作，确保为用户提供良好、安全的服务。

第十二条 互联单位与接入单位，应当负责本单位及其用户有关国际联网的技术培训和管理教育工作。

第十三条 从事国际联网业务的单位和个人，

应当遵守国家有关法律、行政法规，严格执行安全保密制度，不得利用国际联网从事危害国家安全、泄露国家秘密等违法犯罪活动，不得制作、查阅、复制和传播妨碍社会治安的信息和淫秽色情等信息。

第十四条　违反本规定第六条、第八条和第十条的规定的，由公安机关责令停止联网，给予警告，可以并处15000元以下的罚款；有违法所得的，没收违法所得。

第十五条　违反本规定，同时触犯其他有关法律、行政法规的，依照有关法律、行政法规的规定予以处罚；构成犯罪的，依法追究刑事责任。

第十六条　与台湾、香港、澳门地区的计算机信息网络的联网，参照本规定执行。

第十七条　本规定自发布之日起施行。

中华人民共和国计算机信息网络国际联网管理暂行规定
ZHONGHUA RENMIN GONGHEGUO JISUANJI XINXI WANGLUO GUOJI LIANWANG GUANLI ZANXING GUIDING

经销/新华书店
印刷/鸿博睿特（天津）印刷科技有限公司
开本/850毫米×1168毫米 32开　　　　　　　　印张/0.5　字数/4千
版次/2024年4月第1版　　　　　　　　　　　　2024年4月第1次印刷

中国法制出版社出版
书号 ISBN 978-7-5216-4449-4　　　　　　　　定价：5.00元

北京市西城区西便门西里甲16号西便门办公区
邮政编码：100053　　　　　　　　　　　传真：010-63141600
网址：http：//www.zgfzs.com　　　　　编辑部电话：010-63141673
市场营销部电话：010-63141612　　　　印务部电话：010-63141606

（如有印装质量问题，请与本社印务部联系。）